AF229309

RÉFLEXIONS

D'un Citoyen qui n'est ni Rentier, ni Propriétaire de Biens nationaux, ni Créancier de l'État, et encore moins Capitaliste ;

Sur la Vente de quatre cent mille hectares de Bois nationaux et de Biens communaux.

LE budget, accueilli avec une faveur qui en présageait le succès, est aujourd'hui l'objet d'une foule de critiques.

Il était difficile qu'un ouvrage qui touche de si près à tous les intérêts ne trouvât point des examinateurs sévères, et qu'en demandant des sacrifices, il se conciliât toutes les opinions.

Je n'aurais pas été surpris que, malgré le sentiment général des besoins de l'État, on se récriât contre la gravité des impositions directes, et qu'on attaquât les nouveaux droits qu'on propose d'introduire dans le système des contributions indirectes.

Jamais innovation sur une pareille matière n'a été admise sans résistance. A peine réussit-on à faire tolérer ce que l'expérience a consacré et ce qui est entré dans nos habitudes ; on doit à plus forte raison s'attendre à de grandes oppositions pour des combinaisons nouvelles.

Mais ce qui a trompé mes conjectures et celles de beaucoup d'autres, c'est la division des opinions sur une question qui devrait les réunir toutes, puisque cette question est celle de savoir si une loi rendue doit être exécutée, si un enga-

gement contracté doit être rempli, si un débiteur qui a promis à son créancier une valeur convenue peut la supprimer à son gré et le forcer à en recevoir une autre.

Paiera-t-on l'arriéré, comme on s'y est obligé, avec le produit de la vente de bois nationaux et des biens libres des communes, ou cet arriéré sera-t-il converti en rentes ?

Il est fâcheux de voir mettre en question, sous un Gouvernement légitime, c'est-à-dire fidèle et juste, ce qui a été décidé par deux lois, celle du 23 septembre 1814, et celle du 20 mars 1813.

Celle-ci a contre elle sa date et l'autorité qui l'a provoquée; mais quelles sont les lois à qui depuis vingt-cinq ans on ne reprochera pas les mêmes taches originelles ? En conclura-t-on qu'il faut les annuller, et osera-t-on ébranler tout le corps de la législation, parce qu'il est né dans des tems malheureux ? est-ce par l'anarchie qu'on pourrait préluder à l'affermissement du Gouvernement royal ?

La vente des biens communaux est un de ces expédiens extrêmes auxquels on ne peut avoir recours que dans des momens de crise. Sans doute il eût été desirable qu'on pût s'en passer, on aurait aujourd'hui une ressource de plus.

Mais puisqu'on en a disposé, c'est une affaire faite, il n'y a plus à revenir; et à tout prendre, cette affaire n'a pas été malheureuse pour les communes, puisqu'elle leur propose en inscriptions un revenu égal à celui qu'elles retiraient, non moins certain et plus facile à percevoir.

Les bois, les pâturages, les promenades, les objets de salubrité nécessaire leur restent : on n'a fait que convertir en rentes des produits de fermages et loyers; on ne les a privées que de ce qui n'était point à leur usage.

Cette aliénation a deux avantages : le premier politique, le second d'économie publique : elle a intéressé d'une part les communes au bien-être des finances de l'Etat, en les rendant ses créancières, et d'autre part elle a livré à l'industrie personnelle des propriétés qui prospéreront mieux par ses soins que par ceux d'une administration municipale, toujours molle ou distraite. La matière imposable profite de toutes les améliorations que l'intérêt individuel, le plus actif et le plus ingénieux des agens, procure à l'objet sur lequel il s'exerce.

Chacun sait que les propriétés qui appartiennent à tous et ne sont à personne, ne peuvent être aussi bien cultivées que les domaines particuliers.

Celles qui appartiennent à des corps sont dans le même cas : il s'agit moins ici des édifices que des biens ruraux. Je sais que les bâtimens du clergé étaient cités comme les mieux construits et les mieux entretenus ; mais les élémens de la prospérité ne sont point dans les murailles. Ils sont dans les objets de reproduction ; c'est-à-dire, dans les récoltes de la terre et dans les travaux des manufactures.

L'usine la plus mal bâtie est plus utile à l'Etat que le monastère le mieux édifié : elle donne du travail, le travail d'où l'oracle de l'économie publique fait découler toutes les richesses, et le moraliste toutes les vertus; car si l'oisiveté est la mère de tous les vices, le travail doit produire tous les effets opposés.

Quel champ a ouvert au travail la vente des domaines nationaux ! Quelle énergie elle a donnée à celui qui a cultivé pour son compte, pour celui de ses enfans et de leur postérité, la terre qu'il ensemençait pour d'autres !

Le patriotisme y a gagné aussi, car il est difficile qu'un propriétaire ne soit pas bon citoyen. La vente des domaines nationaux fût-elle, par l'exagération de ceux qui la condamnent, travestie en concession à-peu-près gratuite, est une

opération qui pouvait sans doute être mieux exécutée et plus profitable au Gouvernement, mais
dans laquelle les hommes d'état, dégagés d'esprit
de parti et d'intérêt personnel, apperçoivent des
avantages généraux et particuliers qui leur font
absoudre ce que cette grande transposition de
propriétés a eu de tranchant et d'insolite.

C'est un de ces actes d'une hardiesse gigan-
tesque, qui n'ont lieu que dans les secousses
extraordinaires, et dont les effets ne peuvent pas
plus être changés que ceux d'un tremblement de
terre qui transforme des campagnes en lacs et
des lacs en campagnes.

Les époques de ces bouleversemens sont sans
doute des époques malheureuses, mieux vau-
drait qu'elles n'arrivassent point. Mais quand
elles sont arrivées, quand elles ont tout changé,
il faut bien se faire des règles de conduite
conformes à la position nouvelle où l'on est
jeté.

Ces règles par exemple étaient, avant 1789,
toutes différentes de celles qu'on doit suivre
aujourd'hui.

C'eût été une extravagance alors de proposer
la vente des domaines de l'Etat pour payer ses
dettes. Maintenant c'est une opération ordinaire.

Les progrès des lumières, de nouveaux intérêts, de nouvelles considérations politiques,
ont fait reconnaître que l'Etat, au lieu de s'ap-
pauvrir, s'enrichissait par ces ventes, d'abord
parce qu'il se libérait et acquérait du crédit,
ensuite parce qu'il soulageait ses contribuables;
en troisième lieu, parce qu'en s'acquittant envers ses créanciers, il leur donnait les moyens
de bien lui payer leur tribut. Il est rare qu'un
domaine public ne gagne pas de valeur à de-
venir domaine privé.

Le fermier devenu propriétaire a doublé sous
ce dernier titre les produits qu'il recueillait sous
le premier. L'impôt foncier généralisé et frappant

sur une matière toujours croissante en bonté , est le revenu le plus fécond et le plus sûr ; les denrées plus abondantes , meilleures et plus variées , ont trouvé un plus grand nombre de consommateurs et ont rendu les droits de consommation plus productifs.

Le besoin de remplir plusieurs emplacemens vastes devenus vuides par la retraite des cénobites qui les habitaient, a fait entreprendre plus d'une fabrique utile , et le mouvement des ateliers a remplacé, dans ces asiles, le silence et l'oisiveté monastiques.

L'Etat a-t-il perdu à cette métamorphose ?

Plus il y a de propriétaires et de fabricans , plus les échanges sont fréquents , et plus la circulation des capitaux est rapide , mouvement heureux qui multiplie leur valeur et fait invisiblement participer les finances publiques aux profits qu'il répand sur les particuliers.

La philantropie autrefois faisait retentir l'Europe de ses cris de pitié sur la pauvreté des habitans de nos campagnes. Elle n'a plus aujourd'hui à déplorer leur sort. Ils sont nourris, vêtus, logés , libres comme les habitans des villes. Ce bonheur rural est dû à la dissémination vivifiante que la révolution a donnée à des masses de propriétés qui languissaient entassées sous l'administration des mains-mortables.

La fusion des biens du clergé dans le domaine public n'est pas une invention révolutionnaire. C'est le renouvellement en grand , d'un acte dont le gouvernement de nos rois avait donné l'exemple par la réunion au domaine public , des biens des Jésuites et de ceux des Célestins.

Je ne parle pas d'un autre exemple moins récent et plus terrible ; les coups d'Etat, comme les représailles effrayantes des discordes civiles , sont des événemens dont la paix publique réclame l'oubli , et dont les suites ne peuvent se détruire que par une force égale à celle qui les a produites.

La résignation, après ces grandes secousses, est la vertu la plus nécessaire au citoyen qu'elles ont froissé.

Cette vertu est moins rare qu'on ne le croirait, et je l'ai admirée dans plus d'une victime de notre révolution.

La circulation des domaines nationaux est pour ces hommes, comme celle d'une monnaie sortie de leurs mains ; ils la trouvent aussi naturelle que la circulation des écus, et ils ne désapprouveront pas que, comme les écus, cette monnaie soit employée au paiement des créanciers à qui on l'a promise. Ils s'étonneront que leur condition d'autrefois serve d'obstacle à l'accomplissement d'un engagement d'aujourd'hui. Et n'appercevant pas quel rapport il peut y avoir entre cette condition qui leur est personnelle et cet engagement qui est celui de l'Etat, ils trouveront tout simple que l'Etat tienne ce qu'il a promis.

La loi du 23 septembre 1814 n'a rien retiré à personne, elle a disposé de ce qui était disponible. Elle avait besoin de reconstruire le crédit, elle a pris des matériaux libres pour relever cet édifice.

Il fallait, à côté d'une grande masse de dettes, qu'on s'obligeait à payer, placer un gage réel qui donnât confiance à la validité de l'obligation, et qui fît voir auprès de la volonté de se libérer, la possibilité physique de le faire.

Le crédit n'a pas besoin de ces démonstrations matérielles quand il est établi ; mais elles sont nécessaires pour le faire naître.

Le Gouvernement a donc développé devant ses créanciers 300 mille hectares de bois, et les biens des communes restans à vendre, pour leur dire : *Ceci vous appartient, je ne veux les vendre qu'à votre profit, et les valeurs que je vous don-*

nerai., comme le signe de ce que je vous dois ,
vous seront fidèlement remboursées sur l'argent
qui proviendra de ces ventes.

Les circonstances changent, l'argent se retire,
on n'espère pas en trouver en échange des bois
et domaines mis en vente. Eh bien ! faute d'argent, le Gouvernement livre les objets mêmes
qui devaient en produire ; et ne pouvant plus
rembourser en numéraire les signes de sa dette,
il les transforme en écus, et les admet en
paiement des immeubles dont le prix devait
servir à les acquitter ; c'est un débiteur qui,
faute de capital, livre à son créancier le bien
sur lequel celui-ci a une hypothèque.

Il est difficile d'être plus loyal et de vaincre
par plus de probité ; les obstacles qui s'opposent
à l'accomplissement textuel des premières pro-
messes. Mais si cet accomplissement est mo-
difié, il n'est pas altéré. Au lieu d'écus on en
donne toute la valeur. L'engagement est tenu
dans son intégrité ; et, comme l'a dit le mi-
nistre : *La foi donnée est maintenue au milieu*
des ruines.

Il appartient à la France de donner ce noble
spectacle. Devenue malheureuse après avoir
étonné l'Europe de ses prospérités, il est beau
que, dans sa détresse, elle se montre noble et
généreuse. Ainsi Bayard blessé ne perd rien
de son héroïsme, sur son lit de douleur, et
déploie encore devant ceux qui l'entourent,
le courage qui lui a mérité le titre de *chevalier*
sans peur et sans reproche.

La loi du 23 septembre 1814 a fixé le sort
de l'arriéré antérieur au 1er avril de la même an-
née. Elle y a assigné un gage territorial. Retirer
ce gage et changer la nature du paiement, serait
une violation d'engagement, une instabilité de
législation qui n'est pas vraisemblable. Le Gouvernement légitime ne peut faire un acte aussi
contraire à son essence. Il ne serait pas justifié

par les changemens que des circonstances inouies ont apportés à notre situation. Il suffit que dans ce naufrage le gage des créanciers soit échappé, pour qu'on le laisse intact au milieu des débris, et que nous le conservions à qui il appartient.

Or, les bois et biens affectés à l'arriéré nous sont restés tout entiers. Ils sont l'amortissement privilégié de cette dette. Ils doivent remplir cette destination.

De l'impossibilité de revenir sur un engagement solennel, dérive celle de ne pas s'en éloigner dans les affaires absolument semblables à celles pour lesquelles il a été contracté.

On ne traitera point d'une manière différente deux créanciers qu'on met dans la même position. Le parti pris pour l'arriéré antérieur à 1814, dicte celui qu'il faut prendre pour l'arriéré postérieur. La justice est une, elle n'a point deux poids et deux mesures pour deux objets identiques. Le premier ne sera pas payé intégralement et l'autre à moitié. On ne fera pas honneur à l'un et banqueroute à l'autre. Il est encore moins probable qu'on veuille faire banqueroute à tous les deux, en entraînant l'ancien arriéré dans la disgrace du nouveau.

De quelque manière qu'on tourne autour de la question, il est impossible, si on veut être sage et juste, qu'on n'en revienne point au principe déjà posé, à l'engagement déjà pris, à la loi déjà faite. On ne se joue pas d'une loi. Ce n'est pas une de ces propositions fugitives qui traversent une conversation et qu'on rétracte l'instant d'après ; ce n'est point un projet hasardé qu'on rectifie ou qu'on supprime à son gré ; c'est un acte fixe, obligatoire, solennel, dont on ne peut pas plus éluder l'exécution que le paiement d'une lettre de change.

La loi du 23 septembre 1814 est une véritable lettre de change souscrite par la nation pour payer l'arriéré avec le produit des bois, et, à leur défaut, avec les bois mêmes.

En admettant que le paiement exclusif en rentes soit le meilleur des systèmes, nous n'avons plus la liberté de le préférer pour notre convenance; il faudrait que nous y fussions provoqués par les créanciers mêmes, et que ceux-ci nous dégageassent de notre obligation en nous demandant d'autres valeurs que celles qui leur ont été assurées par nous.

Ceux qui prétendent qu'on songe à substituer forcément des inscriptions au mode de libération prescrit par la loi du 23 septembre, sont assurément mal informés. Les biens qu'elle affecte à cette libération ne sont plus au Gouvernement depuis que la valeur en est engagée à ses créanciers; il n'en est plus que le gardien, le dépositaire, et il attend, pour s'en dessaisir, les enchères de ceux à qui ils conviendront pour les leur livrer au profit des créanciers qui sont les véritables propriétaires de ces biens.

Ce serait attenter à cette propriété que de la travestir arbitrairement en inscriptions. Quelle impression produirait une pareille substitution sur la classe nombreuse d'acquéreurs que la Charte n'a pu encore rassurer? Quelle arme ne donnerait-elle point aux propagateurs pervers de leurs terreurs? Elles ne sont pas fondées, je le sais; mais quand il est si important de les assoupir, peut-on risquer de les fortifier? C'est une mèche allumée qu'on promène au milieu d'un magasin à poudre, hâtons-nous de l'éteindre. Elle s'éteindra par la confiance. Cette confiance, que les discours n'ont pu conquérir tout-à-fait, cédera indubitablement à l'empire des actions.

Eh! quelle action peut être plus positive que la libre et entière exécution d'une loi? Laissons donc celle du 23 septembre suivre son cours, et, pour agrandir son heureuse influence sur les esprits malades qui ont besoin de sécurité, ayons la franchise d'ajouter aux domaines dont cette loi dispose, ceux que le budget demande pour compléter le gage des créanciers de l'arriéré.

On ne nous accuserait plus de chercher à miner ce qui a été fait, lorsqu'on verrait que nous le faisons nous-mêmes.

C'est alors que les acquéreurs respireraient et que les colonnes de la paix intérieure ne seraient plus ébranlées.

La consolidation a conquis depuis peu des partisans dont elle doit s'étonner; mais ces conquêtes inattendues, quel que soit leur mérite, n'ont rien ajouté au sien. D'ailleurs, comme nous l'avons dit, cette question n'est plus une thèse de saison; nous nous la sommes interdite par une résolution contraire et qui doit être immuable.

Nous savons de quel prétexte les apologistes de la consolidation colorent la soustraction des bois nationaux et des biens communaux, à l'effet de la loi du 23 septembre 1814.

On veut d'une part se ménager une ressource pour adoucir la situation de cette classe respectable de pasteurs, *dont la détresse irrite la piété des fidèles*. Cette destination est sainte dans son but, mais elle deviendrait profane dans ses effets, puisqu'elle ne pourrait se réaliser sans un manque de foi et sans une spoliation.

Ce serait ici le lieu d'entamer une question d'une haute importance, celle de savoir s'il est sage de rassembler en propriétés collectives les débris épars de la riche dotation d'un grand corps qui n'a plus d'existence politique, et de tenter pour son compte la reproduction d'une fortune qui serait interprétée par des esprits inquiets comme le prélude d'une résurrection dont l'idée agite une grande masse d'individus qu'il importe de tranquilliser.

Pour prévenir des inquiétudes, vagues si l'on

veut, mais dangereuses parce qu'elles sont des alimens de trouble, et pour concilier avec la sécurité des hommes irritables et faciles à s'alarmer, le devoir sacré d'éloigner l'indigence du service des autels, ne pourrait-on pas faire pour les ministres de la religion, envers lesquels aucun engagement législatif ne nous lie, ce qu'on veut faire pour les créanciers de l'arriéré; c'est-à-dire, laisser à ceux-ci le gage que la loi leur a délégué, et réserver pour les autres, quand nous serons soulagé du poids qui nous écrase, des inscriptions qu'on peut diviser en autant de parts qu'il y a de siéges épiscopaux, de métropoles et de presbytères ? Ne serait-il pas touchant et moral que la nation, lorsqu'elle sera moins accablée, pût ouvrir dans le livre de sa dette un chapitre pour les ministres de son culte ? Un tel revenu n'aurait-il pas une source plus pure, un caractère plus noble que celui d'un domaine ravi à la foi d'un traité ?

Dans un moment où tant de partisans des inscriptions en font une monnaie propre à tout, il me semble que ce serait le cas de s'engager à l'adapter en tems opportun au traitement du clergé. Je n'en connais pas de plus commode pour les individus ni même de plus salutaire pour l'Etat. On se plaignait autrefois que le clergé eût, par l'indépendance de sa fortune, des intérêts séparés de ceux du Gouvernement. Il n'en aurait plus dès que son revenu serait une fraction de la dette publique.

Les rentes données au clergé n'auraient point les inconvéniens de celles qui seraient données aux créanciers, en ce qu'étant inaliénables, elles ne viendraient point en concurrence sur la place avec les inscriptions mises en vente, et ne nuiraient pas conséquemment au cours de ces effets.

Le capital des anciens rentiers ne souffrirait point de l'association du clergé. Ce capital, déjà réduit des 2/3 , est encore , dans l'autre tiers , si gravement endommagé , qu'il mérite bien que la sagesse des lois le défende de nouvelles altérations.

Atteindrait-on ce but , si on jettait dans la circulation un flot d'inscriptions mobiles , dont la plupart des porteurs s'empresseraient de se défaire pour en former des capitaux ?

Ce n'est point en semant des inscriptions que vous recueillerez du crédit.

Ce fruit-là ne peut aujourd'hui naître d'une telle graine. Elle est éventée.

J'ai le malheur de ne point partager la confiance de ceux qui , en proposant d'ouvrir les écluses du grand-livre pour fertiliser le champ de l'arriéré , croient à la possibilité d'empêcher qu'il ne soit submergé , en creusant à côté un bassin assez large et profond pour recevoir et absorber la surabondance de l'inondation.

En un mot , je ne crois pas qu'on puisse présentement se flatter de pouvoir former un fonds d'amortissement capable de balancer l'impulsion que donnerait vers la baisse un nouvel amas d'inscriptions flottantes.

Nous serons long-tems avant d'être en mesure de donner à la machine de l'amortissement un ressort assez puissant pour maîtriser les fluctuations des cours et protéger les capitaux des rentiers.

Une émission immodérée aurait donc pour résultat infaillible une dépréciation que l'insuffisance plus que probable de nos moyens ne nous permettrait pas d'arrêter. Ce serait ruiner les anciens et nouveaux inscrits. Le père de famille verrait périr sous sa main le dernier débris que la révolution lui a laissé. Le créancier à qui on a promis solennellement un paiement intégral, n'en pourrait peut-être pas réaliser le tiers. Le clergé, pour l'avantage duquel on aurait sacrifié tant d'intérêts , deviendrait un objet de jalousie et de

haine, et cette mesure ne serait pas moins nui-
sible à la religion qu'à la propriété.

J'admets, pour un moment, plus de moyens
pour l'amortissement que les circonstances n'en
font espérer.

Eh bien ! ces moyens devraient être de préfé-
rence employés à l'extinction de la dette arriérée ;
1°. parce qu'elle est exigible, et que la dette
inscrite ne l'est point ; 2°. parce qu'eu égard à
cette exigibilité, on s'est engagé à la payer en valeurs réalisables au pair. Ainsi donc, s'il y avait
de grands moyens d'amortissement, il serait plus
juste de les faire servir au rachat des obligations
qu'à celui des inscriptions. Mais ces moyens ne
peuvent être pris sur les contributions, c'est se
faire illusion que de présenter ce prélèvement
comme possible et certain. Comment, avec nos
charges ordinaires et l'énormité du prix de notre
rançon, compter sur un excédent de ressource con-
tributive qui nous laisse encore de quoi amortir ?

Que fait le budget à défaut de ces moyens ? Il
s'en crée d'extraordinaires, ou plutôt il use de
ceux qui sont créés ; et s'il ne peut les convertir
en numéraire, il dispose, pour y suppléer, de la
matière même qui les représente. C'est, pour
ainsi dire, donner le lingot faute d'espèces.

Dans ce système, la distinction entre la dette
arriérée et la dette inscrite subsiste. L'une ne
nuit point à l'autre. Cependant la décroissance
de la première ne sera pas sans influence sur
l'amélioration de la seconde, amélioration qui
s'augmentera encore en raison des progrès de
l'amortissement que le budget crée spécialement
pour elle.

En résumé, je crois que la partie du budget
qui concerne l'arriéré et qui a pour base la loi
du 23 septembre 1814, est celle qui devait être
la moins vulnérable, parce que c'est la plus saine
et la mieux constituée. Ce n'est point une innovation, c'est la suite d'un principe reconnu et

adopté. C'est la continuation d'un réglement déjà exécuté.

Je crois qu'il est avantageux pour le Gouvernement de n'avoir d'autres propriétés que celles qui, par leur étendue, ne sont accessibles à aucune fortune particulière, et que quand il aliène les autres, il fait un marché utile pour lui; 1° parce qu'il ne vend point un domaine sans se réserver une partie de sa valeur par l'impôt; c'est comme s'il plaçait un capital avec intérêts; 2° parce qu'il augmente la matière imposable et gagne les frais d'exploitation; 3° parce qu'en multipliant les propriétés particulières, il multiplie en même tems les élémens de travail et d'industrie, premières sources des richesses publiques et privées.

J'estime donc que l'aliénation des bois est une bonne opération pour les finances, tant sous le rapport de la libération promise, que sous le rapport de l'économie et sous celui de l'accroissement donné aux propriétés sujettes à l'impôt et aux droits de mutation.

J'ai dit que les communes n'avaient pas à regretter les biens dont les revenus étaient remplacés pour elles par des inscriptions, et que ces biens fructifieront mieux sous la main d'un propriétaire direct que sous la leur.

J'ai montré le danger de détourner de leur destination les immeubles affectés à l'arriéré, pour recommencer une dotation territoriale au clergé, qui serait plus convenablement et plus commodément rétribué par des inscriptions nominatives, que par la répartition peu facile des revenus résultant de biens indivisibles et administrés en masse.

J'ai fait observer que ces rentes n'étant point destinées à circuler, ne compromettraient pas sur la place le cours des autres.

Enfin, j'ai insisté pour que la foi donnée fût maintenue. La foi donnée ! Sur quel cœur français de pareils mots seront-ils sans force ? La foi donnée ! Est-ce sous le règne d'un fils de Henri IV, le plus loyal des princes, qu'on pourrait songer à y manquer ? La foi donnée ! C'est un lien de fer que rien ne peut briser, c'est le lien de l'honneur. On meurt dans cette étreinte plutôt que de s'en affranchir.

Le tribut que la religion nous demande pour ses ministres n'est pas le sacrifice de notre loyauté ; nous avons promis, il faut tenir. Cette religion qui défend si fortement de faire tort à son prochain, nous réprouverait, si pour l'intérêt de ses autels nous pensions que nous pouvons faire tort à nos créanciers. Je regarderais la violation de nos engagemens comme le pire de nos malheurs, elle serait plus funeste que nos défaites, parce qu'elle serait plus honteuse.

Le crédit est pour le Gouvernement ce qu'est la victoire pour ses armées. Un Gouvernement n'a point de crédit quand il est sans bonne foi, comme une armée ne gagne point de bataille quand elle est sans valeur. Manquer à ses engagemens devant ses créanciers, c'est lâcher pied en présence de l'ennemi. *Vaincre ou périr* doit être la devise des Français en finance comme au combat : *vaincre*, c'est payer tout ce qu'on doit ; *périr*, c'est refuser ou altérer le paiement de ses dettes.

Les biens dont la loi du 23 septembre dispose pour les créanciers de l'arriéré, sont comme des espèces saines et entières offertes à la circulation pour leur paiement. Les frustrer de ces espèces pour y substituer des inscriptions qui ne les valent pas, c'est leur donner des pièces rognées ou d'un plus bas aloi. Peut-on imaginer que sous le régime qui nous est rendu, l'administration française se dégrade par une telle opération ?

En témoigner la crainte est une calomnie qui sans doute ne tardera point à être confondue par un éclatant démenti.

De l'Imprimerie de Mme Ve Agasse, rue des Poitevins, N° 6.